Paul Alech

QUELQUES PAGES... DE FABLES ET DE POÉSIES

Insectes et animaux... à chacun ses déboires !

ISBN: 978-1-77076-750-8

Ce livre a été créé avec StreetLib Write
(http://write.streetlib.com).

CRÉDITS

Le Chapeauté

Il s'agit bien d'un chat aux allures félines,
Qui pour se rehausser arbora un chapeau.
Accoutré de la sorte, il se trouva si beau,
Qu'il choisit de partir pour des contrées voisines.
Admirez mon panache ! Lançait-il à la ronde.
N'avez-vous jamais vu à vingt lieux alentour
Elégamment portés aussi gracieux atours,
Par d'autres animaux dont la nature abonde.
Certains le regardèrent de surprise ahuris,
D'autres lui indiquèrent pour dérangés, asile.
Voyant fort déplacée allure peu docile,
Il n'y eut point pour lui d'apôtres qui se rallient
Dépité, croyant faire de nouvelles conquêtes,
Il n'eut qu'un seul recours, c'est retourner chez lui.
Il ne mit son chapeau que pour chasser souris,
Car rien ne vaut chez-soi, pour parades et fêtes.
Si investi en vous aucun pouvoir n'existe,
N'essayez surtout pas d'apprivoiser autrui.
Car votre accoutrement peut provoquer chez lui,
Certains dérangements, quand nature résiste.

Amoureuse clarté

Il fut un jour un ver, luisant de son état,
Qui voulut échapper à des rumeurs hostiles.
Armé de son courage, un champ il traversa,
Qui aux premiers abords paraissait fort tranquille.
Chemin faisant il vit insectes hors sujet,
Camouflés à l'abri des herbes les plus hautes.
Certain d'eux ricanant en le voyant passer
Ainsi, « ... dépourvu d'ailes faut espérer qu'il saute ! »
Tous les coléoptères vous le diront sans doute
Lampyre pas très beau, est pauvre de couleur.
Ses atouts n'apparaissent, que lorsqu'en bout de
route
Quand vient le soir naissant, certains d'entre eux ont
peur.
Alors que les sous-ordres regagnent leurs abris,
Lampyres épanouis jettent feux de lumières.
Participant alors aux plus belles des nuits,
Les femelles impatientes, éclairent leurs arrières.
Ceci pour attirer les mâles forts ailés,
Qui ne manqueront pas de leur rendre visite.
Et qui nous offrirons ces instants de clartés ;
Tableau majestueux, auquel ver nous invite

Chevauchée fantastique

Un très jeune animal de race chevaline
S'ennuyait fortement au fond de son enclos.
Il rêvait de prairies, herbes tendres ; galops
Qui n'en finirait pas, au-delà des collines.
Sa mère à ses côtés veillait à sa tenue
Sur ses membres fragiles, lui donnant des conseils.
C'est elle qui conta à son fils les merveilles
D'espaces infinis, qu'alors elle connue.
Elle tenait cela de chevaux plus vieux qu'elle,
Qui eux même l'avait de plus vieux entendu.
Tout cela passe ainsi et n'est jamais perdu,
Transmis comme il se doit de bouches à oreilles.
Poulain s'imaginait galopant dans des plaines,
Rencontrant des bisons, pourquoi pas des indiens ?
Cela devait se faire, arriver c'est certain,
Puisque parents ne mentent jamais, on nous l'en-
seigne.
Gambadant dans l'enclos auprès d'autres chevaux,
Notre rêveur faisait : chevauchées fantastiques.
Tout cela il l'espère sera mis en pratique,
Car jour de délivrance, vient au printemps nouveau.
Quelques années plus tard, on lui mit un harnais ;
On l'emmena au champ où l'attendait charrue.
Bien que tombant de haut, jamais il n'en voulu
A ses rêves d'antan, à présent oubliés.

Fini ces chevauchées dans les plaines lointaines ;
Simplement on avait omis de lui conter,
Qu'il deviendrait plus tard un fort cheval de traits,
Etant à mille lieux de toutes ces fredaines.

Espace perdu

Dans une basse-cour, était un poulailler
Qui offrait un abri à une unique poule.
Paradoxe du lieu, où aurait pu piailler
Plusieurs gallinacés et pigeons qui roucoulent.
Notre poule esseulée, ne semblait pas pourtant
A la voir picorer, donner lieu de se plaindre.
Son espace avait l'air de la combler vraiment
Puisqu'elle en profitait. Sans trop avoir à craindre
De grains à partager avec d'autres oiseaux ;
Ceci, étant sujet à fréquentes disputes.
A vivre en autarcie rien n'est vraiment trop beau,
Car on n'a surtout pas à engager de luttes.
Puis vint malheureux jour ; fini tranquillité.
Un coq fit son entrée, volailles le suivirent
Pour combler l'arrivant plein de vitalité,
Cocorico en tête et plumage en délire.
Notre poule alors se fondant dans la masse,
Du haut de son perchoir ne put que constater
Qu'on n'est jamais bien seul ; et partout où l'on passe
Il faut bien se soumettre à la majorité.
« A partir d'aujourd'hui mes œufs seront féconds ;
Respectée hiérarchie, avérée soumission.
Perdant indépendance je n'aurai pour maison
Qu'un poulailler commun sans grandes ambitions.
Au perchoir élevé je n'aurai aucun droit,
Des plumes envahiront mon ancienne demeure.
Acceptant tout cela, d'autres feront la loi ;
Pour tous ces biens perdus, je caquète et je pleure. »

Sur le sable endormi

Habitant du désert, de mise est la patience !
Seul, inlassablement sur dunes court le vent.
La nuit, le clair de lune dans son évanescence,
Accroche au train d'hier, le wagon du présent.
Un commerçant patient attendait la cohorte
De produits achetés, qui du sud arrivaient.
Levé tôt le matin, car chaleur de la sorte
Après soleil levant ne peut s'apprivoiser.
L'attente sera longue ! Ne pouvant présager
D'heures éventuelles qu'il devra passer là,
Il s'assit sur le sable près d'un maigre bosquet
Séché et rabougri depuis longtemps déjà.
Les pièces transportées par dos de dromadaires
Lui étaient destinées ; car échoppe il tenait.
Il s'agissait de plats, de coupes et d'aiguières ;
Et autres ustensiles, à la main façonnés.
Sa vie aura été perpétuelle attente :
De clients dépensiers, d'un soleil moins brûlant ;
D'un oued peu asséché, même d'une eau dormante
Qu'il eut apprécié ; enfin, de temps en temps.
Loin de lui toutes envies qui ne seraient pas sages.
A offenser Allah on ne récolte rien.
Le seul souhait à présent dont il fait bon usage,
C'est d'avoir longue vie et d'aimer son prochain.
On ne sait si pensées par miracle s'élèvent,
Mais il advint ici que dieu y prêta cas.
Aussitôt oasis de l'oued prit la relève,
Et bosquet desséché, en palmiers se changea.

Une eau venue d'ailleurs vint humecter ses lèvres ;
C'était une eau de pluie que le ciel envoya.
Mais ces bienfaits acquis n'existaient qu'en ses rêves,
Car lorsqu'il s'éveilla, caravane était là.

A lézarder

Prudent et attentif comme tous les reptiles,
Un lézard sur un mur paresse doucement.
Seul, le haut de son corps apparait par moments,
Pattes arrière et queue, sont encore invisibles.
Il hésite alors à trop s'aventurer,
Sortir de sa retraite ; car existent dangers.
Il guette le passage de quelques insectes ailés,
Qu'il pourrait bien happer sans trop se fatiguer.
Abreuvé de soleil constant et sans partage,
Il aime bien par lui, se laisser caresser.
Les yeux à demi clos il semble écouter,
Le bruit que fait le vent dans l'herbe et le feuillage.
Et puis le temps s'écoule rassurant, à son goût ;
Même si ventre vide ennemi de pitance,
Exige à la limite pour remplir existence,
De quitter son abri et sortir de son trou.
Etant presque obligé de chercher nourriture,
Par à-coups, il déplace son corps sur le vieux mur.
En progressant ainsi, il avance c'est sûr
Jusqu'à prochain abri ; s'isolant par nature.
A vivre chaque jour d'insectes et de fruits,
Ça lui importe peu car il faut subsister.
Mais en faisant cela on doit bien s'exposer,
Ceci est la rançon que réclame la vie.
Avant de regagner anfractuosité,
Il voudrait à nouveau profiter du soleil.
Mais voilà que soudain une ombre aux grandes ailes,
L'emporte loin d'ici vers une autre contrée.

L'existence demande trop de risques à comprendre,
Pour un simple lézard avide de chaleur.

Qui avant de partir nous laissa par bonheur,
Un morceau de sa queue, qu'on ne pourra lui
prendre.

Combattant malgré lui

La corne en avant, l'œil profond calme et noir,
C'est le puissant taureau qui entre dans l'arène.
Sa venue sur le sable, en lui soudain déchaine
De morbides pensées ; qui le force à vouloir
Se libérer du joug que la vie lui impose.
Car on ne reste maître que de ce qu'on connait.
Sans avoir à chercher ailleurs sa liberté
Au-delà des herbages ; là, où troupeau repose.
Des clameurs et des cris résonnent dans sa tête,
Son corps est en attente il ne peut que gémir.
Il regrette ce temps, où les courses à venir
Mêlés à des chevaux, étaient comme une fête.
Il comprend qu'autrefois, il fallut affronter
L'homme, ses traditions ; stupide intelligence.
Que s'il dut se soumettre et prêter allégeance,
A présent, son instinct le force à s'insurger.
Il va falloir lutter, montrer à l'assistance
Qu'à combat inégal, s'évanouit l'espoir.
Et que l'instant venu, à la tombée du soir
Le point sera final pour toute résistance.
Peu importe l'issue de cette comédie
Si taureau doit mourir. Mais, quoi que certains pensent
Il est bien le meilleur ; sagesse est évidente !
Son propre sang versé n'est qu'une tragédie.

Coccinelle vole

Sur brin d'herbe était la rouge coccinelle ;
Certainement en quête de quelques pucerons.
Matin était si doux et le soleil si bon,
Qu'être ainsi posée, le printemps vous appelle.
Cherchant à s'accoupler afin de procréer,
Elle fit s'entrouvrir doucement ses élytres.
Ceci pour déployer ses ailes repliées,
Car la brise légère à l'envol vous invite.
Amie des jardiniers, la bête à bon dieu
Doucement se posa sur un rosier en fleurs.
Elle n'était pas seule, car ce choix de couleurs
De parfums délicats, fit d'autres envieux.
La parade d'amour fut chose vite faite ;
Faut bien que le printemps dispense tour à tour,
Les choix d'une rencontre, distillant ses amours
Afin que toute union soit promesse parfaite.
Nouvelles joies viendront et d'autres coccinelles,
Déposeront leurs œufs dont larves écloront.
Envahissant jardins à la belle saison,
Elles décimeront cochenilles rebelles.
Tel est l'indispensable travail de cet insecte
Qui décore de points le galbe de son dos.
D'une vive couleur on la voit aussitôt,
Et avec elle on sait : que beaux jours sont en fête.

Tigre en délire

Un tigre en son repaire feulait comme il se doit ;
Car étant sûr de lui il n'avait rien à craindre.
La faim le fit sortir de son antre éphémère,
Pour aller vers festin à la table d'un roi.
C'était un rêve étrange qu'il faisait chaque nuit,
Dans son étroite cage avant que ne se lève
Ce jour tant attendu, où il pourra s'enfuir
De ce bien triste lieu ; existence trop brève.
Il était prisonnier de ces barreaux de fer,
Depuis longtemps déjà trop longtemps à son goût.
Cela porta en lui un immense dégout,
Qu'il ne put simplement supporter sans rien faire.
Comme chaque soirée, conduit sous chapiteau
Ou tigres comme lui compagnons d'infortune,
Devaient face au dompteur son fouet et son cerceau,
Amuser galerie quand la piste s'allume.
Adoptant la posture qu'on exigeait de lui,
Il laissa s'approcher l'homme fier et austère.
Lui donna confiance, et soudain envahi
D'une rage indicible, il perdit tout repère.
Sa masse et son poids sur dompteur s'abattirent ;
Laissant très peu de chance à victime immolée.
Son rêve de festin à table convié,
N'eut pas la même fin ; pour tigre en délire.

Si animaux parlaient...

Un singe méditait à l'abri sur son arbre.
... Et s'il advint qu'un jour parole fut donnée
A tous les animaux ?... Il serait le premier
Annonçant à la ronde : qu'ils pourraient se défendre
Autrement que par forces, ruses, fuites effrénées.
Imaginez alors le brouhaha intense
Qui règnerait parmi savanes et forêts.
Si à tous animaux sur des contrées immenses,
Il arrivait qu'un jour parole fut donnée.
Suivant leurs origines, leurs différents pays,
Qu'ils soient à poils à plumes, changeraient leurs langages.
Animaux domestiques seraient les mieux servis,
Etant plus près de l'homme : identique verbiage !
Afin de discourir, certains auraient paroles
Beaucoup plus volubiles ; créant par leurs propos
D'incohérents discours qui bien qu'étant nouveaux
Sèmeraient la discorde : entre bêtes qui volent
Et celles sur le sol ou dans les océans.
Etant assujetti pour mieux se faire entendre
A approches incertaines ; car pour mieux se comprendre
En oublieraient parfois leurs prudences d'antan.
Vaut mieux rester ainsi et garder nos distances ;
Se méfier de l'autre est gage de bon sens.
Suspicions et discours engendrent avec le temps,
Des heurts et des conflits ; dégradant existence.
Lors de la création : Merci Epiméthée !

Son choix fut judicieux concernant nous les bêtes !
Son frère donna aux hommes le feu et la clarté,
A voir ce qu'ils en font, il est loin qu'on regrette.
S'il nous manque : savoir, des mots pour se parler,
Cela n'apporterait qu'un élan de contraintes.
Restons comme nous sommes, tel que dieu nous a
faits ;
N'envions pas les hommes et fuyons leurs étreintes.

Le faux bourdon

Au printemps dans les champs voletait faux bour-
don;
Sa tâche avec le temps n'avait rien de nouvelle.
Bien qu'aimant les fruits mûrs, dirigeait les abeilles
Les menant butiner les fleurs, à leur façon.
Accumulant les sucs pour parfaire leur miel,
Ces dernières acceptèrent cette aide venue du ciel.
Abondance de biens en ruche nuit en rien
La reine de ce lieu, aimera c'est certain.
Avant que de ses œufs alvéoles remplies,
N'éclosent faux bourdons, abeilles, réunis ;
Qui pour l'une d'entre elles par la gelée nourrie,
Deviendra à son tour une reine accomplie.
Afin de subsister, pillant miel récolté
Par abeilles du lieu se trouvera chassé.
Faux bourdon n'ayant pas de ruche attitrée,
Trouvera en plein vol reines à féconder.
Mais hélas ce plaisir étant court et extrême,
Inexorablement au trépas conduira.
Faux bourdon qui vécut durant quelques semaines,
Rejeté de la ruche ; qui d'amour périra.

Plage peu romantique

Après avoir passé leur vie en haute mer,
Elles s'échouent enfin sur plage ; où subsiste
Un lien lointain et fort. Quand le sable invite
Offrant ce lieu de ponte à toutes tortues mères.
Enfouissant leurs œufs bien au chaud patiemment,
Elles iront alors retrouver eaux profondes.
La nouvelle éclosion adviendra en son temps,
Les tortues étant nées affronteront le monde.
Le tableau ainsi fait paraitrait idyllique,
Si quelques prédateurs n'attendaient ces instants,
Faits de vols meurtriers par des oiseaux ; créant
Véritable hécatombe sur plage peu romantique.
Avant que nouveaux nés n'atteignent l'océan,
Vient s'abattre du ciel périls de toutes sortes.
Certains d'entre eux pouvant atteindre heureuse-
ment,
Cette eau qui les protège, vagues qui les emportent.
D'autres voleurs de bien agiront autrement,
Accaparant des œufs la nuit au clair de lune.
La récolte vraiment présente l'infortune,
Qui associe nature ... et l'homme évidemment.
Afin de subsister il est bien regrettable,
Qu'une espèce se doit d'abréger une vie.
Le monde est fait ainsi, d'instants insoutenables ;
L'animal est la bête, et l'homme l'est aussi.

Le chien errant

Un chien, qui dans les rues de restes de poubelles
Se nourrit, dut trouver un coin pour s'abriter.
Dans ce bien triste endroit, à l'écart allongé
Il ne put s'endormir, aux bruits prêtant oreille.
Alors qu'il essayait de prendre du repos,
Près de lui jeune oiseau perdu, tombé du nid,
Sautillant sur ses pattes émettant des cui-cui,
Cherchant de la chaleur, se posa sur son dos.
Soudainement surpris et ne sachant que faire,
Sans autre réaction notre chien accepta
Ce locataire ailé ; et sans plus de manière
Sans bouger, la douceur de son poil lui donna.
A la pointe du jour notre chien s'éveilla
Après s'être endormi un oiseau sur le dos.
Cette promiscuité fut tel léger fardeau
Oiseau étant parti, qu'il s'en aperçu pas.
Ce fait n'eut pas de suite bien qu'étant peu commun ;
Et à la réflexion ce tableau nous invite.
Un chien pauvre et errant au bout de ses limites,
Peut aider un oiseau au moment opportun.
Bien qu'étant l'un et l'autre de sève différente,
Deux arbustes croissants parviennent à s'enlacer.
Chose que les hommes, à part les âmes aimantes,
Ne peuvent réaliser avec simplicité.
Nombreux cas à apprendre, avons-nous genre humain
Venant des animaux, des plantes, d'on ne sait où.
Nous avons la lumière et pourtant malgré tout,

Elle semble éclairer un espace restreint.
Cette fable il faut bien la terminer pourtant,
Pour aider son voisin il vaut mieux se connaitre.
Ne pas analyser le pourquoi, le comment,
Et comme chien errant avoir son cœur pour maître.

L'araignée et le bourdon

Au bout d'un fil de soie patiente une araignée.
Ayant tissé sa toile afin de les surprendre
Par ce piège tendu, et aussi pouvoir prendre
Les mouches de passage, dans grange abandonnée.
L'attente est vraiment longue ; rien ne s'est présenté
Aucun insecte ailé, pas même un moucheron.
Seul un pâle soleil, de l'un de ses rayons
Agrémente ce lieu, par volet mal fermé.
Araignée invoqua son dieu et le pria,
De bien vouloir pousser inconnu dans sa toile.
Afin qu'une fois pris, enveloppé il soit ;
Et pour elle plus tard, servir de victuailles.
Aurait-elle choisi infréquentable endroit ?
Suite à peu de passage, manquant d'animation !
Mais voilà tout à coup qu'un imposant bourdon,
Dans bruit assourdissant vint investir sous-toit.
C'était-il égaré en ce lieu plutôt sombre ?
On ne saura jamais les raisons de son choix.
Mais le fait est certain, c'est qu'il alla tout droit
Vers piège érigé, caché dans la pénombre.
L'attente pour araignée s'arrêta tout à coup,
Ne pouvant pas rêver à aussi grosse prise.
Prise ? Pas tout à fait ! Car bourdon rivalise
Contre toile ; lancé, sa force emporta tout.
Sa vitesse et sa masse détruit piège tissé,
Qui ne put résister à assaut destructeur.
Faisant que l'on trouva sur le sol ; sauf erreur :
Bourdon enchevêtré, araignée atterrée.

Avant que de se plaindre au ciel pour longue attente,
Il faut se garantir d'avoir tous les atouts.
Une trop faible toile ne viendra pas à bout
Ne faisant qu'illusion, à trop grosse demande.
Si c'est un papillon, affaire concluante.
Mais si c'est noir bourdon, attention les dégâts.
Il vaut mieux patienter, araignée le saura ;
Se contenter de peu allonge l'existence.

Empreinte éphémère

Sur le tronc d'un platane, furent longtemps gardées
Initiales gravées : amour fort et nouveau !
Au passage de l'un des deux cœurs dessinés,
Une main caressait marques faites au couteau.
Entailles éphémères dont arbre se guérit,
Par le jour à venir d'une écorce nouvelle.
Son tronc restera nu ; cause d'amours enfuis
Comme s'enfuient ses feuilles, aux branches infidèles.
Des années ont passé, platane est toujours là ;
Rien d'inscrit sur son fût, jamais, aucune trace.
Pas de cœurs enlacés comme amours d'autrefois,
L'arbre a bien vieilli ; mais rien n'a pris la place
De ces marques anciennes, celles du temps jadis.
Comme quoi les amours qui passent ne reviennent.
Peut-être que bientôt écloront, c'est la vie,
Des inscriptions nouvelles issues d'autres fredaines.
D'une pointe acérée, de jeunes jouvenceaux
Viendront graver leurs noms au milieu de leurs cœurs.
A moins : temps révolu et disparu trop tôt,
Qu'ils trouvent en d'autres lieux, empreintes du bonheur.

Retour de chasse

Mâchonnant brin d'aspic qu'au coin des lèvres il
porte,
Il rentre de la chasse avec lièvre ou perdreau.
Son chien marche devant jusqu'au petit ruisseau,
Où ensemble ils s'arrêtent ; fraicheur les réconforte.
Avare de ses mots, il donne le bonjour
A voisin rencontré à l'entrée du village.
Discussion inutile, stérile bavardage,
Ils auront bien le temps de se voir !... Autre jour !
Ayant longtemps marché parmi champs et labours
Un peu las, fatigué, discours n'est pas d'usage.
Parti dès le matin sous un ciel sans nuage,
Il tarde de rentrer avant la fin du jour.
Rita ! Est appelée sa chienne aux poils de feu ;
La caressant parfois le fusil à l'épaule,
Tous deux se comprenant, à la moindre parole
L'animal lui répond ; en agitant sa queue.
En rejoignant maison, habitude s'impose ;
C'est décrotter chaussures avant que d'y entrer.
Dans remise attenante godillots nettoyés,
Attendront plusieurs jours, que sortie les impose.
Après avoir vidé sur table gibecière,
Accroche son fusil sous montée d'escalier.
Qu'une porte condamne à l'aide d'une clé,
Dans le petit réduit dépourvu de lumière.

Toujours sans dire un mot il s'approche du feu,
Où brassée de sarments brule dans cheminée.
Et s'asseyant enfin dans fauteuil destiné,
Il pose sur ses enfants, son regard pâle et bleu.

La mamé

Très tôt tous les matins dès que le jour se lève,
Faut allumer le feu, préparer cheminée.
Après avoir ôté les cendres de la veille,
Sarments secs prendront place ; assurant la flambée.
Les buches et les fagots rassemblés sont en tas,
Dans le fond du cellier. Espace où s'imposent
Charrette et charreton qui verront dans leurs bras,
Attelé le cheval qui pour l'instant repose.
C'est le premier travail qui doit être accomplit.
Car les repas qu'on prend tout au long de l'année,
Dans cette cheminée sont réchauffés et cuit,
Par buches et par sarments qu'il faut renouveler.
Puis, on doit préparer le gibier sans tarder
Que vient lui apporter son chasseur de mari.
Il ne faut pas attendre, vite s'en occuper
Car chaleur persistante, est présent ennemi.
Plus tôt iront sur feu gibelotte ou chasseur,
Meilleur sera le plat mijoté de lapin.
Faut d'abord espeiller la bête. Un coup de main
Que l'on ne peut apprendre qu'en y mettant du
cœur.
Tous les jours c'est ainsi suivant ce qu'on apporte
Ou que l'on va chercher en bas dans le jardin.
Il est peu de loisir, le temps est incertain
A pouvoir se passer de travaux de la sorte.

Mais la famille est là ; fatigue peu importe.
Le papé lui aussi durant des décennies,
A fait de leur union et cela pour la vie,
Des années de bonheur ; que parfois on supporte.

Lointains souvenirs

Quand clocher du village eut sonné, à midi
Soleil à son zénith embrase tous les toits.
Hirondelles en vol, apparaissent parfois
Cherchant brindilles au sol, pour renforcer leur nid.
Toutes voies sont désertes, délaissées sont les rues ;
Ayant pris leur repas chacun reste chez soi.
Les personnes âgées pensent comme il se doit,
Qu'en fermant leurs volets, chaleur a disparu.
La place, ce matin où l'on faisait emplettes,
Restera jusqu'à tard vide, abandonnée.
Museau entre ses pattes seul un chien sans collier,
A l'ombre allongé, semble faire la sieste.
Derrière la maison tout est fait de silence ;
Quelques guêpes s'abreuvent dans vasque du jardin.
Rien ne pourrait troubler cet espace divin,
Même chant d'un oiseau y trouverait sa place.
Offrandes sont données à chaque heure du jour
Qu'il faut savoir cueillir, car le temps est bien court.
Le cœur après les yeux en demande à son tour,
Ouvrez-vous à cela, ça en vaut le détour.
A l'angle de la rue fontaine se repose ;
Son eau aura jailli à la joie des enfants.
Qui dans leur nouveau jeu s'éclaboussent en riant,
Cela ne dure pas ; car jeunesse dispose
De réactions soudaines qui viennent à la suite,
Disparaissant un jour on ne sait pas pourquoi.
Puis le calme revient, midi sonne déjà ;
En cette mi-journée le temps s'enfuit trop vite.

Estive

Quand l'été est passé, et que bétail rentré
Retrouve dès son retour, repos, paille nouvelle.
Quand brebis du troupeau accompagnent et sur-
veillent
Quelques jeunes agneaux, qui dans les prés sont nés.
Quand la route résonne, indiquant le passage
Des bêtes qui descendent d'estives ensoleillées ;
Et que chien de berger qui jappe, même aux aguets
Reconnait la maison, c'est la fin du voyage.
Bientôt venant tout droit des cimes des montagnes,
L'hiver sera chez nous couvrant de son manteau
Les terres d'alentours, gelant l'eau des ruisseaux,
Et faisant oublier tous ces verts pâturages.
Les bergers éloignés par mois de transhumance
Retrouveront bientôt familles et logis.
Ils reverront alors depuis qu'ils sont partis
Les rues de leur village, les lieux de leur enfance.
Les froidures passées, les beaux jours reviendront
Et avec eux aussi ces signes de partance.
Car là haut dans le ciel sous cette voute immense,
Vénus les guidera pour nouvelle saison.

L'arbre de vie

Parmi tous les vergers, ces fruits rouges profonds
Avant qu'ils ne soient mûrs attirant les abeilles,
Accrochés à leurs branches qui sous leur poids ploie-
ront,
Par leur peau veloutée, la gourmandise éveille.
Le soleil doucement vient caresser leur robe,
Leur donnant leur parfum, leur suc doux et sucré ;
Sous feuilles vernissées qui dans l'arbre décorent,
Lieu où s'épanouit ce fruit de plein été.
L'instant de la cueillette arrive évidemment.
Devant haut se dresser pour atteindre leurs cibles,
Paniers seront remplis en y mettant le temps,
Desquels s'échapperont des idées comestibles.
Plutôt que de la pomme : eut été judicieux
D'avoir eu autre choix, pour consommer péché.
On aurait pu donner à Adam envieux,
Ce fruit bien plus juteux cueilli sur un pêcher.
La suite évidemment aurait un peu changé ;
Car la pomme avalée empêchant de parler,
Devait rester en nous et pour l'éternité ;
Eve assurément ayant prévue l'effet.
Cessons de blasphémer et d'être médisant ;
Peu importe le fruit, si on en a l'ivresse.
Venant de l'univers, c'est en y retournant
Qu'on pourra regretter ces moments d'allégresses.

Faisant après la nuit un jour qui recommence,
Et qui donnent à la vie cette étonnante ardeur.
Que l'on soit jardinier, ça a peu d'importance
L'arbre de vie existe ; nous l'avons dans le cœur.

... Après-vous !

Un renard fort rusé ne tarissait d'éloge,
A l'encontre d'un loup qu'il avait rencontré
En plein milieu d'un bois. Où chasseur embusqué,
Attendait le passage d'animaux de leurs sortes.
« Sûr, toute renommé pour vous n'est plus à faire
On connait vos exploits et partout on vous craint.
Vous n'avez de rivaux courageux c'est certain
A mille lieux d'ici, qui puissent vous défaire.
Ce chemin est étroit ; on pourrait y passer
L'un des deux suivant l'autre sans aucune manière.
Quand première importance devant me précéder,
Devant vous je m'incline ; je vous suivrai derrière »
Les paroles ont d'effets suivant qui les reçoit ;
Un sujet prétentieux pourrait s'y laisser prendre.
Le loup fier du pouvoir que renard lui octroie,
Loin de se méfier prend chemin sans attendre.
Quand coups de feu claquèrent sur le premier venu,
Notre rusé renard attendit, que silence
Revienne peu à peu après qu'appartenance,
Soit du loup abattu, à chasseur dévolu.
Il est bon de flatter suivant les circonstances,
Sans pourtant abuser des effets escomptés.
Toutes situations qu'on met en évidence,
Peut pencher vers le bon, ou le mauvais côté.

L'hirondelle

Hirondelles venant de régions bien lointaines,
Où l'hiver en ces lieux n'a rien de rigoureux.
Retrouvent quelques fois leur nid ; retour heureux,
Ou en battissent un autre durant quelques semaines.
En vols courts et rapides il faudra transporter,
Béquées de terre humide en boules façonnées.
Avec ce matériau qui une fois séché,
Sous le rebord d'un toit le nid sera formé.
Fait de brins d'herbes sèches, aussi d'autres éléments,
Il sera renforcé ; car longue est la saison.
Il devra abriter de petits oisillons,
Nourri par tas d'insectes que chasseront parents.
On peut les voir aussi dans granges et greniers,
Suivant qu'elles seront de fenêtre ou rustique.
Cousine l'une de l'autre se donnant la réplique,
Leurs cris brefs et stridents les font se ressembler.
Sur câbles électriques à la fin de l'été,
Elles se grouperont prêtes au grand départ.
Sous un ciel automnal bien peu ensoleillé.
Elles nous quitteront, sans aller au hasard.
Bientôt elles devront retrouver ces pays,
Où les mois sont plus chauds ; et elles s'en iront.
Mais une fois parties abandonnant leurs nids,
Petits moincaux d'ici, refuges trouveront.

Chaque chose a sa place !

Grenouille dans bénitier un jour s'était logée ;
Trouvant lieu à son goût, elle y avait pris place.
Assistant aux offices s'étant habituée,
Elle eut voulu que rien jamais ne la déplace.
A l'entrée de l'église obligeant le passage
A de nombreux fidèles ; appréciant leurs doigts
Venant la caresser innocemment parfois,
Sans jamais coasser, acceptait cet usage.
Au bout de quelques temps, ce lieu assez restreint
Ne lui convenant plus, elle se mit en quêtes
De rechercher ailleurs peut être pas très loin,
Endroit beaucoup plus vaste pour y faire trempette.
Ayant dans discussion de fidèles ouï dire,
Qu'il était à côté un espace plus grand.
Destiné à plonger il y a fort longtemps,
Grand nombre de croyants afin de les bénir.
Un peu de guerre lasse et par curiosité,
Quittant son bénitier acceptant le mystère
De ce lieu si curieux qu'on nomme bathystère,
Dans cet espace où l'eau surement abondait.
Ne trouvant rien alors que quelques vieilles pierres,
Ni grand bassin, ni eau ; les gens sont peu sérieux !
Perdue et éloignée de l'endroit merveilleux
Qu'elle avait lors quitté, pour elle fut misère.
Chassée du lieu sacré et de son eau bénite,
Elle trouva dehors aux lumières du jour
Marre pleine de vase ; s'en contentant, toujours
Pensant à ce lieu saint disparu bien trop vite.

Adieu ! Chants liturgiques. Adieu ! Enfants de cœur ;
Les prêches du dimanche et les odeurs d'encens.
Les bougies allumées et les vitraux géants,
Bonjour ! Endroit saumâtre et autres prédateurs.
La convenance fait : que choses à leurs places
Ne doivent trouver ailleurs, ni jamais s'investir ;
Dans d'autres lieux choisis. Et sans laisser de trace
Retrouver leur milieu, où nature les mis.

A chacun sa hauteur !

Un rapace volant à très haute altitude
Profitait de l'espace, du soleil, du ciel bleu.
Son vol majestueux faisait des envieux
Ne pouvant profiter de cette plénitude.
Une pie, jacassant parmi d'autres oiseaux
Leur dit : « Mais moi aussi je possède deux ailes.
Je suis aussi bien faite, mon aisance est réelle
Rien ne peut m'empêcher de voler aussi haut. »
Dans son petit discourt elle avait oublié,
Qu'il faut de grandes ailes pour que le vent vous
porte.
Et que son envergure sans doute limitée,
Ne mènerait bien loin prétention de la sorte.
Faisant fi de cela elle prit son envol,
S'élevant aussi haut que son cerveau l'emmène.
A hauteur des grands arbres son évasion l'entraine
Mais certes pas plus haut. Car ambition est folle !
Se posant un moment sur branche de rencontre,
Pouvant considérer le chemin parcouru ;
Elle dut reconnaitre être bien loin du but,
Et que les grands espaces, faut les laisser aux autres.

Petit bal perdu

Un orchestre jouait sur place du village,
Entrainant des danseurs sur piste illuminée.
Tous autours attablés sur chaises du café,
De nombreux spectateurs assistaient ; c'est dommage
A intime ambiance aujourd'hui disparue.
Perdue loin dans le temps, que la musique emporte
Avec nos souvenirs ; bien étrange cohorte
Effacée à présent, qu'on ne reverra plus.
Sur l'estrade on trouvait cinq ou six musiciens
Attaquant la soirée ; où saxo et trompette
Qu'accompagnait piano qui jouait notes en tête
Avec la batterie, entrainant c'est certain
Tango et paso-doble qui occupaient la piste
Suivi de boléro, de valse et rumba.
S'enchainant à la suite, jusqu'à ce qu'arriva
Moment très attendu : le branle des artistes.
Tous les gens se levaient et à la queue leu-leu
Passant entre les tables créaient une chenille
Qui forçait les timides ainsi que les familles
A entrer dans la danse et se bouger un peu.
Tous ces couples danseurs que sont-ils devenus ?
Certain ont disparu ; famille autres formant
Grands parents aujourd'hui se souviennent du
temps,
Où ils ouvraient le bal ; passion qu'ils ont connue.

Il suffirait pourtant d'un air tombé des nues,
D'un morceau entendu au hasard sur sa route.
Pour que le souvenir nous transporte sans doute
Quelque part en arrière, vers petit bal perdu.

Prévoyance !

Une mouche volait recherchant aventure.
Ne sachant où aller, s'arrêtant quelquefois
Sur mur ensoleillé, sur relief d'un repas,
En entrant dans maison sa quête était sûre.
Parcourant chaque pièce y cherchant intérêt,
Ne pouvant y trouver de quoi se satisfaire ;
Cuisine étant le lieu où l'on trouve affaires,
Il vaut mieux s'y tenir et pouvoir y rester.
Après avoir mené son vol par-dessus table,
Inspecté çà et là miettes à venir ;
Se poser quand il faut où il vous fait plaisir,
Eviter les coins sombres à sureté instable.
On serait bien d'accord d'élire domicile
Ici, où les repas transitent à loisir.
Mais un jour sans savoir, on voudrait bien partir
Pour trouver autre part, pitance plus accessible.
Rien ne sert de rentrer, si on ne peut sortir !
D'ici, s'en échapper, voilà une autre affaire.
Fenêtre étant fermée mais vitre bien trop claire
Attira notre insecte ; liberté à venir.
S'écrasant sur carreau oubliant transparence,
Notre mouche insista, les ailes affolées.
L'extérieur était là, sûr, elle le voyait
Mais ne pouvait l'atteindre ; fini toute espérance.
Investisseur de lieu, pensez avant d'entrer
Au moyen d'en sortir ; la chose est importante.
Sinon serez sujet enfermé en attente,
Semblable à notre mouche précédemment citée.

Belle après-midi !

Un généreux soleil inonde les arènes.
Les gradins sont remplis de patients spectateurs.
Depuis longtemps déjà, les places les meilleures
Sont prisent et occupées par foule qui amène
Ses cris et ses couleurs, pour chaude ambiance.
Dans ce lieu important de fête partagée,
Glaces et friandises sont alors consommées ;
Faisant joie des enfants parmi cette assistance.
Les jeux, venant de courses Camarguaises ou libres,
D'aucune plaie le sang n'aura à s'écouler.
Les animaux en piste, seulement délestés
De certains attributs ; et de cocardes misent
Sur leurs cornes et leur front. Que joueurs intrépides,
Devront leur arracher à l'aide d'un crochet.
Augmentant par ce fait cagnotte attribuée,
A hommes valeureux, courageux et rapides.
Les taureaux simplement d'ornements dépouillés,
Rentreront au toril, pour eux course fini.
Et public satisfait de cette après-midi
Quittera les arènes ; prêt à y retourner.

Le vent !

Le vent souffle parfois ébouriffant coiffures,
Faisant perdre équilibre aux vieillards imprudents.
Il fait robes des filles se retrousser souvent,
Et lorsqu'il est très fort emporte les toitures.
Insistant, sa colère abime les vergers.
Il ride les étangs et durant son passage,
Les voiles de bateaux sous un ciel sans nuage,
Qui s'opposent à lui ne cessent de s'enfler.
Eole étant son dieu, entraine roue du moulin
Lui permettant ainsi de moudre tout son grain.
Girouettes sur toits s'affolent dès le matin,
Obéissant sans cesse à son désir divin.
Voilà ce qu'est le vent, souvent imprévisible
Pour personne n'étant féru de météo.
Pour s'opposer à lui, à faire le gros dos
On ne récolte rien ; si ce n'est escarbilles
Venues d'un feu éteint. Ou du sable sur plage
Etant fort peu malin ; ne pensant à porter
Pour protéger ses yeux lunettes oubliées,
Son souffle même anodin, pour des riens nous
dérange.
Lorsqu'il descend des cimes sur la neige passant,
Il donne à la vallée prémices de l'hiver.
Rien ne peut l'arrêter même venant d'enfer,
Un démon surgissant resterait impuissant.

Le vent est absolu, il fait ce qu'il désire.
Plutôt que de calmer et adoucir chaleur ;
Quand sur flammes il souffle à plus de cent à l'heure,
Il peut porter un feu et brûler un empire.

La sauterelle

Perdue dans hautes herbes, sauterelle s'ennuie !
Tous insectes comme elle, sont fait de compromis.
Ils rampent, leur marche est lente. Ils sont à la merci
De nombreux prédateurs tels : légion de fourmis.
Ayant considéré périls de toutes sortes,
S'excluant elle-même de ceux bien moins loti ;
Pour aller de l'avant il est sûr qu'elle saute,
Bien que n'allant pas loin, le danger elle fuit.
Elle aurait bien aimé ça a son importance,
Un jour, de s'échapper comme font les oiseaux.
Et pouvoir découvrir paysages nouveaux,
Vers autres lieux lointains ; raccourcir les distances.
Sûr, pour se déplacer elle a ses longues pattes,
L'avantageant de sauts d'inégalable hauteur.
Ses ailes lui servent peu ; alliant avec bonheur
Une courte envolée pour trouver autre place.
Comme lointain cousin, le criquet migrateur,
Elle se serait vue au-delà d'autres terres.
Plutôt qu'être en ce lieu durant sa vie entière,
Mais que dire et que faire ? Si là est son bonheur.
Chacun de nous envie l'existence des autres,
Pour peu que ces derniers aient exemplaire vie.
La sauterelle verte peut créer des envies,
A ordre inférieur dépourvu de la sorte :
De ces immenses antennes qu'elle est seule à tenir,
Et de son appétit car elle est carnivore.
Les mouches d'alentour en savent quelque chose,
Différence certaine qu'il faut bien retenir.

Chacun de nous étant issu de la nature,
Possédons quelques attraits, aussi quelques défauts.
Savoir se contenter, et porter sur son dos
Ce de quoi l'on est fait ; autant que la vie dure.

Un voyage inachevé

Une anguille s'étant fourvoyée de la sorte,
En entrant dans un trou dont elle ne put sortir.
Réfléchit longuement avant que de périr,
Au chemin parcourut ; quand l'océan apporte
Des milliers de civelles, jusqu'au simple cours d'eau
Qu'il faudra remonter en évitant ses pièges.
S'astreignant à nager jusqu'à ce privilège
Qui fera de leur corps ce serpent des ruisseaux.
Mois et années passant, devenant des adultes
Après avoir franchi courants de haute mer,
Elles retrouveront ce lieu les faisant mère,
A moins que leur parcours s'achève sans haute lutte.
En fait, ce trou d'entrée fut le trou d'une nasse
Qui la fit prisonnière ; cela était son lot !
Mettant fin à ses jours, et la privant trop tôt
De revoir ses amours dans la mer des Sargasses.
L'existence est ainsi ; vers la fin du parcours
Le temps, les jours, les heures semblent passer plus
vite.
Sans pour cela avoir un destin fatidique,
Notre vie connaitra aussi, la fin du jour.

Parfaite ressemblance

Un jour, un papillon sur le haut d'un corsage
Dont dame était vêtue, doucement s'est posé.
Attiré par les fleurs joliment imprimées,
Sur le support soyeux venu de bel ouvrage.
La dame un peu absente trouva idée charmante.
Ne faisant aucun geste et n'osant plus bouger,
De crainte que papillon tant soit peu effrayé
Ne quitte son épaule, qui lui fut accueillante.
Cela dura longtemps aux regards exposés,
De nombreux visiteurs ébahis de surprise.
Scène qui se passa dans salle bien précise
D'un heureux édifice, que l'on nomme musée.
A cimaise accrochée cette œuvre picturale
Quand chaleur d'éclairage s'apparente au soleil,
Attira notre insecte amateur sans pareil.
Venant ainsi trouver à cette œuvre idéale,
Parfaite ressemblance à nature exposée.
Afin qu'un papillon égaré on suppose,
Du portrait présenté sur épaule se pose
Aux couleurs et aux fleurs si bien restituées.
L'art a cet avantage : c'est pouvoir faire aimer.
Attirer les esprits recherchant la beauté ;
Pas seulement ici en ce lieu retiré,
Mais en pleine nature, offerte à satiété.
Ressemblance parfaite, peut autant attirer
Amateurs de peintures, sculptures, et tout autre art.
Car il est reconnu qu'il n'est jamais trop tard,
Même pour papillon de savoir apprécier ;

Délicate facture ainsi représentée,
Faisant qu'on en oublie un instant le réel.
Peu importe le lieu, beauté est éternelle
Et dans nombreux supports peut se dissimuler.

Papillon sur épaule, plumage d'un oiseau,
Velours, satin et soie, rien n'est vraiment austère.
Pourvu qu'on apprécie sans faire de mystère,
Et qu'on vive serein. Le rêve est si beau !

Un parcours bien trop long

La tortue voyageuse a trop de route à faire
Pour atteindre son but, sa maison sur son dos.
Partie de bon matin, il n'est jamais trop tôt
Pour chemin à venir ; embuche indiffère !
Après terrain abrupte, c'est la pluie et le vent
Qu'elle doit affronter, blottie sous carapace.
Repartir aussitôt, avant que ne s'encrassent
De boue longue à sécher pour aller de l'avant,
Ses pattes qui la portent, bien trop courtes à son goût,
L'empêchant de changer de force et d'allure.
Elle doit patienter, car contretemps ne dure
Aussi long que l'hiver ; on s'y fait voilà tout !
Pour elle, soutient nul, aucune gratitude
Venu du ciel, aidant sa lente progression.
Car vue sa condition il n'est pas de raison
De partir voir ailleurs, sous d'autres latitudes
Plaisirs à consommer ; tout est à sa portée.
Nul besoin d'aller loin chercher sa nourriture.
Elle s'en rend bien compte, à moins que sa nature
Pour quérir aventures la force à voyager.
Vous n'en saurez pas plus sur tortue sans pareille.
L'allure de son pas, ne peut la mener loin.
Nombreux gens tout comme elle, ne voient jamais la fin
Du chemin ; promettant pour eux monts et merveilles.

Réactions ancestrales

On ne sait quelle mouche vint piquer l'animal,
Mais pour lui s'en suivit ruade dans brancards.
De cet élan d'humeur il advint grand écart
Sur la route ; faisant s'affoler c'est normal
La jument, qui soudain s'enfuit dans un galop.
Emportant passagers qui lors avaient pris place,
Avant que charreton soit branlant et remplace,
Promenade prévue parfois au petit trot.
En tirant sur les rennes, le conducteur pourtant
Tentait d'amadouer la bête et sa fureur.
Poussant pour la calmer, des cris annonciateurs
D'une mise au repos ; au calme évidemment.
L'emballement prit fin ; chacun voulu comprendre
Quels en furent effets et surtout la raison.
Les effets ? A chacun d'en tirer conclusion ;
Quant à raison s'il y a, il ne faut se méprendre.
Savoir ce qui fait peur à porteur de sabots,
Pourrait être nous-même ; les hommes bien-pen-
sants.
Asservissant toujours les bêtes à leur dépend ;
Etre à notre merci, nous avoir sur leur dos.
Obéir à nos ordres, souvent se lever tôt
Pour randonnée champêtre, charreton conduisant.
En ayant désigné animaux domestiques,
Il ne faut s'étonner parfois de réactions
Qui remontent en ces temps de l'homme sans ambi-
tion,

Temps marqué dans leurs gènes d'animaux, qui s'in-
vitent.
S'agissant de ruades, de fuites à notre approche,
Morsures de canins, coups de becs ou de griffes,
Le souvenir du temps avant qu'on les invite
A devenir esclaves ; c'est ce qu'ils nous reprochent.
Ne cherchez point alors, ne prenez pas de notes ;
Leurs réactions souvent leurs viennent de très loin.
Mais pour mieux les comprendre il est plus que cer-
tain
D'accepter leurs écarts, qui ressemblent aux nôtres.

Bien triste solution !

Mouche dans habitacle ne trouvant pas sortie,
Par signe de représailles s'attaqua au chauffeur.
Se posa sur son cou, son crâne dégarni,
Pour qu'enfin de sa vitre, il baisse la hauteur.
Mais chauffeur occupé concentré sur sa route,
La chassa promptement d'un geste de la main.
Qu'il eut d'autres soucis ? Ça ne fait aucun doute,
Et mouche prisonnière n'inspira que dédain.
Attirée par lumières sur le tableau de bord,
Elle n'y trouva rien qui put la satisfaire.
Se dirigea alors vers lunette arrière,
Résultat identique ; voir manque de confort.
Décidemment ce lieu n'étant pas fait pour elle,
Du coup elle insista à vouloir le quitter.
Posée sur le dossier du siège passager,
Se mit à réfléchir ; la stratégie s'éveille !
Derrière son volant l'homme portait lunettes,
Et notre mouche alors eut soudain une idée.
Ce fut de se poser sur le haut de sa tête,
Et de là, s'introduire entre verres chaussés
Et l'œil du conducteur ; qui d'instinct, pour chasser
Gène qu'il dut subir, se démit des lunettes
Qui sur le sol tombèrent. Vision beaucoup moins
nette !
Etant handicapé, voulant les rattraper
Ce fut le bas-côté que connue la voiture.
Au choc qui en survint pare-brise éclata,
Et mouche de s'en aller rejoindre la nature.

Mais pas pour très longtemps, car en vol rencontra
Toile d'une araignée qui mit fin à sa fuite.
Comme quoi l'évasion, n'est pas fin de soucis.
La mouche en est la preuve ; conduisant au délie
Tragédie provoquée n'eut pas heureuse suite.
Accidents bien souvent tiennent à très peu de choses.
Moment d'inattention ; tentons d'y remédier.
La mouche est un exemple qu'il vaut mieux éviter,
Car malhonnêteté, n'apporte gain de cause.

Invraisemblable histoire

Un perroquet bavard jacassant sur sa branche,
Avertit le renard d'importune venue.
Danger étant passé, l'animal reconnut
Devoir à bel oiseau un effet de revanche.
Durant plusieurs semaines le temps vint s'écouler ;
Plusieurs mois, des années où rien ne se passa.
Quand, mailles de filet sur perroquet tomba
Faisant de prévenant, un oiseau encagé.
Du fond de son repère quand il apprit cela,
Le renard fut marri de n'avoir pu aider
Celui qui lui permit, des chasseurs, éviter
La triste convoitise ; dont lui n'y échappa.
Un jour pour réception mondaine, organisée
Dans splendides salons, on présenta pour plaire
A nombreuse assistance, afin de la distraire,
Une grande volière ; où notre perroquet
A questions ridicules fut sans cesse exposé.
Etant maître du lieu, répondant à sa guise
Où ne répondant pas ; chaque parole émise
Se perd dans le paraître. Silence est apprécié !
Quand soudain s'arrêta près de dite volière,
La dame patronnesse, affublée d'un renard
Posé sur ses épaules ; tel étole ou foulard,
Se tourna pour saluer éminente douairière.
Du renard, pattes et tête pendantes librement
Firent cage s'ouvrir et oiseau s'envoler.
Le lien entre animaux ne put être trouvé
Mais une chose est sûre. Pour tous ceux connaissant

Le début de l'histoire, il n'est rien d'étonnant
Que valeur soit rendue après autant d'années.
Car la peau d'un renard étendue, desséchée,
Portée sur des épaules un soir de grand gala,
Ne peut en aucun cas, le souvenir est là,
Oublier dans le temps bienfaits d'un perroquet.
Bien que soit fort étrange après autant d'années
Et surtout vu l'état de l'un des deux complices ;
Sans que part d'irréel n'y mette un peu de vice,
Que telle conclusion soit même envisagée.

Un gîte sans couvert !

Après course effrénée, lièvre trouva son gîte
Occupé par famille de petits marcassins.
Parents étant partis pas très loin c'est certain,
Rechercher nourriture et revenir très vite.
Ne sachant ce que faire, notre lièvre invita
Les petits marcassins à le suivre en campagne.
Et les voilà parti ; bonne humeur accompagne
Le lièvre, avec sa suite lui emboitant le pas.
Parcourt faisant, ils virent animaux étonnés,
Par jeunes sangliers loin d'être bêtes rousses.
Suivre docilement le lièvre, être à ses trousses,
Nouveauté de famille ainsi recomposée.
L'animal ne sachant où mener cette suite,
Rechercha un lieu sûr, un abri bien caché.
Afin que leurs parents puissent les retrouver,
Demanda à la pie de l'aide. Et l'invite
De dire à la laie que ses petits ont faim,
En désignant le lieu où pouvoir les reprendre.
Sans attendre réponse, sans chercher à comprendre,
Lièvre vers son logis s'en retourna enfin.
Famille sangliers à nouveau réuni,
Se mirent tous en quête d'un refuge idéal.
Espérant que la laie ne trouve ça normal
De laisser marcassin dans antre, à leur merci.
Tel ne fut pas le cas pour lièvre concerné
Qui se nourrit surtout d'herbe et de serpolet.
Imaginons pourtant ce qui eut arrivé
A marcassins laissés dans repaire, oubliés.

Qu'importe la fraîcheur

Sur un étal du sud, poissons se contredisent.
Sardines trouvant normal d'étaler leur fraicheur
A la vue des clients. Dont raie avec rancœur
Se dit être plus belle, quoi qu'on pense et qu'on dise.
Les loups et les dorades, les rougets étalés,
Ayant leurs mots à dire, lazzis évoqueront.
Cessant de frétiller, aux ouïs soumettront
Ce rouge apprécié dont seuls ils sont dotés.
Rascasse mise à part faisant drôle de tête,
Se veut être distante de tous ces quiproquos.
Car nageoires épineuses et son corps pas très beau,
La place malgré tout, pour des repas de fêtes.
Quand un petit moineau qui venait à passer,
Faisant halte fortuite sur le bord de l'étal,
Eut le temps cependant d'entendre c'est normal
Les propos incongrus, venant de la marée.
Vous êtes ici sur terre voyez-vous, leur dit-il !
Vos petites querelles n'ont plus de raison d'être.
Il est un peu trop tard pour pouvoir vous connaitre,
Qu'importe si avant l'autre, l'un de vous se voit frit.
Ragots, billevesées sont de grande faiblesse.
A vous trouver ainsi, loin de votre élément
Ne gagnerez en rien, si ce n'est forcément
D'être enfin réunis, dans une bouillabaisse.

Un bien sombre avenir

Lion dans une cage s'ennuyait à mourir
Dans l'enceinte d'un cirque ; où d'autres animaux
Tout comme lui rêvaient du temps lointain et beau
Dans ces contrées sauvages, qu'ils connurent à loisir.
A rester sans bouger, la pose qu'il préfère
C'est celle d'être allongé et ne penser à rien.
De toute activité, éloigné c'est certain,
Mis à part de manger, voué à ne rien faire.
Rester figé ainsi, ses pattes s'engourdissent.
Loin du vent, sa crinière lui semble superflue.
Ses griffes rétractées ne lui serviront plus,
Et sa peau sur son dos : un semblant de pelisse.
Voilà à quoi les hommes peu à peu ont réduit
Le roi des animaux enfermé dans sa cage.
Et tout autre animal que l'on disait sauvage ;
Les privant de nature dont ils étaient nantis.
Braconnages intensifs, battues organisées,
Ont surement réduit l'existence des bêtes.
Jusqu'au jour où plus rien n'animera leurs fêtes,
N'ayant pour animaux que bandes dessinées.
A croire La Fontaine : peignant société
Par fables et récits, des hommes représentant
Caractères et faiblesses ; leurs défauts importants
Donnés aux animaux bien mal récompensés.
Ne demandant qu'à vivre dans leurs lieux naturels,
N'ayant rien quémandé, ça dérange les hommes.
Se croyant supérieur aux bêtes que nous sommes,
Mais s'éloignant sans cesse d'un point existentiel.

Ne prendre liberté n'importe où en ce monde
A nul être vivant. Car on a aucun droit
D'aliéner pour chacun aussi petit qu'il soit,
Sa part à l'existence. Les humains en répondent.

Choix insoluble

Un oursin se plaignait de n'avoir de visite ;
Qu'aucun de ses voisins ne cherchent à l'approcher.
Son aspect il est vrai ne pouvant qu'inciter
Les autres à hésiter, à moins qu'on les invite.
Encore faudrait-il qu'il soit plus accueillant ;
Avec lui discuter, oublier la réplique
De défense soudaine, en évitant qu'il pique
A la moindre occasion. Que lui-même comprend.
Pouvoir le caresser est chose insoutenable ;
Le frôler quelque peu, il ne faut y penser.
De telles conditions mènent à devoir rester
Sur positions lointaines. Cela est concevable !
Mais ne pouvant alors défaire carapace
Notre oursin isolé ne put que regretter,
Contre tous prédateurs d'avoir dû endosser
Défense aussi rigide. Faisant dans son espace
Décourager amis qu'il pourrait côtoyer,
En ayant des atours beaucoup plus avenants.
Ou, mieux dissuader attaque survenant
Et se retrouver seul. Dilemme à assumer !

De fleur en fleur

Papillon de couleur famille peu importe,
Volète à son gré sur champ parmi les fleurs.
La journée est fort belle, et l'air annonciateur
D'un précoce printemps qu'insectes nous apportent.
Allant rapidement de nectar en nectar,
Il visite ainsi corolles à sa guise.
Appréciant alors cette ivresse conquise
Distillée par les fleurs, du matin jusqu'au soir.
De cette nourriture prestement récoltée,
Il tire important avantage en somme.
Sachant que cet apport loin d'en être économe,
Lui donne cette force qui l'incite à voler.
Rencontrant bien souvent libellules et abeilles,
Tous passent leur chemin sans animosité.
La campagne est offerte ; bien grande en vérité
Pour insectes volants que la nature éveille.
Chacun est à sa tâche bien que la vie soit courte,
Quelques semaines au plus pour joli papillon.
Qui sans chercher plus loin, se voue à sa façon
De butiner les fleurs qu'il trouve sur sa route.
Sortant de chrysalide, ses ailes déployées
Au soleil des beaux jours prolongeant le printemps,
Feront le papillon voleter quelques temps,
Apportant des couleurs, offrant de la beauté.
L'intérêt que lui porte le filet du chasseur,
Prouve son importance de forme et de couleur.
Chaque année en été, zigzaguant de bonheur
On peut le voir souvent aller de fleur en fleur.

Ses ailes colorées sans cesse se déploient,
Donnant à tout son corps cette légèreté.
Se rejoignent alors, lorsqu'une fois posé
Sur corolle choisie, revenant maintes fois.
Du nectar recherché la prise est rapide.
Les jours lui sont comptés, il ne vit pas longtemps.
Le soleil lui apporte force pour chaque instant,
Qu'offrent temps merveilleux loin de sa chrysalide.
Hélas le concernant, loin d'être son allié
L'humain collectionneur, ou un enfant stupide
Muni d'un attirail, se croyant intrépide,
Mettra fin à sa vie, dans le bleu de l'été.

Le plaisir est ailleurs !

Un jour un escargot, ayant à traverser
Cet endroit où wagons suivent une machine,
Sans se soucier de ceux qui pourtant s'acheminent
Vers un lieu au-delà de dite voie ferrée.
Désert pour le moment, le passage acceptable
Fit que gastéropode tenta la traversée.
Il avait seulement deux rails à surmonter,
Et entre eux un espace paraissant raisonnable.
Aucun bruit pour l'instant, ni aucun tremblement
Ne venant annoncer la masse monstrueuse
Fit que notre escargot, de sa voie sinueuse
Passa sans trop de mal un rail nonchalamment.
Toujours sans se presser, il franchit sans encombre
Les traverses de bois composant le chemin.
Route bien plus facile, évitant c'est certain
Les pierres du ballast placées là en grand nombre.
Attaquant second rail afin de le franchir,
Il trouva au plus haut, surface qui dispense
D'un aspect trop rugueux, comme piste de danses ;
Qu'il voulut prolonger sa glisse par plaisir.
Rester sur cette hauteur du rail, fut belle affaire ;
Qu'il oublie un instant, descente sur le côté.
Ceci malgré le bruit et ondes propagées
Du convoi arrivant. Trop loin pour le distraire !
Notre escargot voulut profiter de ce lieu,
Malgré le tremblement insistant et plus proche.
Se dit : « j'ai bien du temps avant que je décroche,
Péril est encore loin, profitons en un peu. »

Bien malheureux pour lui furent hésitations,
Jugeant trop mal l'approche du convoi annoncé ;
Fit qu'il ne sut jamais que voie à traverser,
Annule tous plaisirs, et considérations.

L'âne s'ennuie !

L'âne par son braiement annonce la disgrâce
Qui lui est dévolue ; son mécontentement.
Accroché à un pieu dans pré avoisinant,
Il trouve anormal l'importante distance
Qui le tient éloigné des siens, de son enclos
Qu'il voudrait retrouver. Car herbe autour de lui,
Depuis tôt ce matin qui lui était servie,
N'est plus ; a disparue ! L'heure n'est pas trop tôt
De venir le chercher, car depuis il s'ennuie.
Pourtant il eut c'est vrai, de jeunes garnements
Visite importune ; peureux évidemment,
Hésitant d'approcher, lançant des âneries.
Depuis événement normal souvent vécu,
Plus rien ne se passa ; le temps parut bien long.
Si ce n'est une abeille et quelques moucherons,
Chassés presque aussitôt par coups de queue reçue.
Sans être apprêtée sa robe est importante,
De même ses oreilles d'anormale grandeur.
Son coup de pied fait foi de souvenir porteur,
De rancunes anciennes ; qui restent évidentes.
Sa patience est notoire et on le dit têtu.
Son œil est souvent triste, mais sa démarche est sûre;
Surtout lorsque sa charge importante, l'assure
D'un repas mérité, de caresses reçues.
Ne prêtez pas oreille à tout ce qui se dit.
Si les siennes sont grandes, c'est qu'il est important
D'écouter pour mieux voir et pouvoir retenir,
Que le vieux bonnet d'âne n'est qu'un lien infamant.

Associant la bête, et l'élève ignorant
Pourvu d'autres intérêts, que science des hommes.
Couvre-chef destiné à tous ceux que l'on nomme
Instructeurs patentés, pour ânes et enfants.

L'oiseau et le caniche

Au pied d'un arbre un jour, oiseau tombé du nid
Tentait de retrouver assurance, équilibre.
Trop jeune pour voler et pour se sentir libre,
Ne put que se cacher dans une haie de buis.
Lorsque vint à passer ballade quotidienne,
Un chien tenu en laisse par un maitre distrait.
S'agissant d'un caniche brossé et bien coiffé,
Certainement aimé, à l'allure hautaine.
Voyant le volatile tremblant, il s'arrêta
Afin de lui parler ; considérant déboire
De l'oisillon perdu, qui ne pouvait pas croire
Qu'un chien tant apprêté, intérêt lui porta.
Conversation utile entre lointaine espèce
Fit que le canidé, son maître invita
A recueillir l'oiseau ; qui plus qu'une caresse,
Son placement en cage des forces lui donna.
Ainsi ragaillardi ayant pris assurance,
Au bout de quelques temps envol lui fut donné.
Caniche consentant et maître apprivoisé,
Eurent tous les matins chant de reconnaissance.
Placé sur une branche, au couple sauveteur
Notre oiseau dédiait ses notes les plus belles.
Comme quoi, un bienfait chaque fois nous rappelle
Qu'il n'est jamais perdu lorsqu'on y met du cœur.

La mouche et le serin

Alors que voletait une mouche étrangère,
L'intérieur du logis doucement s'éveillait.
Le repas terminé table débarrassée,
N'offrait aucun relief à mouche passagère.
La vaisselle étant faite, elle eut pour seul recours
Afin de récolter quelques miettes de pain,
De côtoyer la cage où un jaune serin
Poussait sa sérénade dès le lever du jour.
S'aventurer ainsi au-delà des barreaux,
Venant de l'extérieur n'était pas mince affaire.
Des restes de repas de l'oiseau solitaire,
Jonchaient bien ça et là ; cela était trop beau !
Malgré bruits incessants, cui-cui, battements d'ailes,
La mouche faisant fi de tous ces aléas,
Poussa curiosité car ventre n'attend pas,
Et franchit seuil de cage ; l'occasion était belle.
Avec tout le vacarme qu'émettait volatile,
Il eut été risqué de manger à sa faim.
Notre intruse eut alors une idée qui lui vint,
Ouvrir cage à l'oiseau afin d'être tranquille.
Ceci fait, aussitôt le serin envolé
Donna libre pitance à son libérateur.
Comme quoi un bienfait en tout temps et toute
heure,
Vous laisse tout loisir, lorsqu'il est consommé.

Histoire ancienne

Histoire que fourmi contait chemin faisant ;
Que ses parents apprirent d'un autre insecte ailé.
Leur disant : que pour lui l'unique passe-temps,
Consistait à chanter tout au long de l'été.
Fourmis d'alors connurent et en furent fort aise
Le travail ; qu'à ce jour ne purent oublier
Ouvrières, sachant que le grain ramassé
Pour saison à venir servirait. N'en déplaise
A tous ces colporteurs de bien-être ; poussant
Elytres déployées leurs chants, telles sonnailles.
N'auront plus pour nourrir d'éventuels descendants,
Dédaignés par glaneuses, quelques fétus de paille.
Les fables ont bon aloi et corrigent les hommes
De torts accumulés : suffisance, fierté.
Acquis depuis longtemps, ne répétant en somme
Que l'histoire connue, bien souvent racontée.
Du travail, opposé à un trop grand bien être.
Chacun a ses idées, sa vie lui appartient.
Bien vaste est le monde et tout a une fin,
Pour en venir à dire : que fable ne reste en tête.

Souriceau mal averti !

Un jeune souriceau, écoutait de plus vieux
Les recommandations : d'être un peu moins distrait.
De faire attention au chat de maisonnée,
Même lorsqu'il sommeille le soir au coin du feu.
Souriceau averti doubla de vigilance
Et ne s'aventura bien sûr hors de son trou,
Qu'après s'être assuré que dangereux matou
Interdisant sortie, brillait par son absence.
Se disant fort rapide, fuyant, sitôt l'alerte
Déclenchée par un bruit anormal et suspect.
Il reprit peu à peu, assurance donnée
Par conseils écoutés ; en vue de découvertes
Que jeunesse réclame sans penser aux dangers,
Et souvent s'aventure loin du bien raisonnable.
Escapade voulue et qui est concevable,
En l'absence du chat : coin du feu déserté !
L'endroit tant convoité où provisions attendent,
Se trouve à deux pas ; cuisine à traverser.
A pouvoir y aller faut se précipiter,
Tant que la voie est libre nourriture est à prendre.
Tout se passa ainsi sans moindre difficulté.
Avant que de victoire, il eut fallu penser
A tapette placée dans passage obligé,
Qui fit de souriceau victime à déplorer.
Les dangers sont multiples ; l'oublier est un tort.
Certains sont bien conçus ! Oublis de mise en garde ?
Le chat est fort connu, il ne peut nous surprendre ;
Mais la tapette est là, et elle a du ressort.

Une heureuse échappée

Une perruche un jour, voulant quitter sa cage
Adopta la posture d'un oiseau trépassé.
Délaissant son perchoir, sur le sol, allongée
Elle resta ainsi offrant bien triste image.
Son plumage immobile et ses pattes raidis,
Firent que la maison se laissa prendre au jeu.
La cage fut ouverte ; seul le chat plus curieux
Approcha son museau de perruche sans vie.
A travers les barreaux étant un peu trop vieux,
Il ne sut reconnaitre différence notoire
Entre vie et trépas ; voilà drôle d'histoire,
Qui le fit s'éloigner n'en croyant pas ses yeux.
Enfants de la maison, désolés, forts peinés,
Décidèrent alors d'enterrer notre oiseau.
Dans boite en carton trouvée presque aussitôt,
Destinée à perruche qui n'osait trop bouger ;
Espérant de la cage être bientôt sortie,
Afin que liberté revienne en cet instant.
Ce rêve caressé depuis pas mal de temps,
Et prendre son envol. Au revoir !... Et merci !
Mais tout n'eut pas eu lieu comme oiseau l'espérait.
Introduisant sa main dans la cage, un enfant
Saisit notre défunt et sans perdre un instant,
Le plaça dans sa boite ; prêt à être inhumé.
Subterfuge donné n'est pas toujours rentable,
Il est parfois heureux de rester tel qu'on est.

Liberté a un prix ! Reste à envisager
Le montant de l'échec, quand l'issu est instable.
Notre perruche alors, pour finir notre histoire,
Par un coup du destin put enfin s'envoler.
Plutôt que par la terre être récupérée,
Le ciel lui fut donné.... Il faut parfois y croire !

L'olivier

Olivier dont le tronc rabougri par tant d'âges,
Vieillissait lentement, dans terre s'accrochant.
Ni les vents ni les pluies, ni les soleils brûlants,
N'eurent jamais raison de lui, de son feuillage.
Les années qui passaient semblaient avoir ancré
Ses racines en ce sol qui jadis le vit naitre.
Affrontant les saisons, qui dans le temps passé
Jusqu'au temps d'aujourd'hui, endurcirent peut-être
Autant d'obstination à nous donner des fruits.
Sous ses feuilles groupées en rameaux d'un vert
tendre,
Olives récoltées pouvaient alors prétendre
A huile bienfaitrice qu'elles offrent, et nous ravi.
Lorsqu'un éclair jaloux de sa longévité,
Dans bruit assourdissant, caché dans ses nuages,
Vint alors brusquement un jour de gros orage,
Sans aucune raison, foudroyer l'olivier.
Cet arbre centenaire ne put pas supporter
Cette attaque du ciel venue pour le détruire.
Planté en terre, en somme il ne pouvait prédire
Venue de ce haut lieu, la foudre le frapper.
N'ayant pour seuls amis que la terre et les hommes,
Son bois fut consacré à faire des objets.
Sculptés entre les mains d'artistes, donnant formes
A une vie nouvelle pour l'arbre, transformé.

Existence remplie, un destin prodigieux !
Graine venue sur terre pour disparaître enfin.
Le temps passé ici importe c'est certain,
Mais son utilité, c'est vraiment plus sérieux.

La vague

Quand la vague s'étend et que le sable enfin
La reçoit ; échappée d'un tumultueux flot.
Allongés sur la plage, imperceptibles grains
Forment un lit douillet ; une aire de repos.
Elle nait en secret au-delà des rivages ;
Côtoie tous les récifs, les coques des bateaux.
Enfle lorsque le vent qui pousse au voyage,
La ramène du large en d'incessants rouleaux.
Une fois arrivée sur la rive déserte,
Elle s'étire alors déposant des morceaux ;
D'algues, de bois flottés, qui serviront peut-être,
Avant que la marée les prenne, à nouveau.
Elle meurt et renait ; sans cesse nous étonne.
Avide de soleil, de vent, de liberté.
Traversant océans, une éternelle ronde
La ramène toujours ; destin inachevé.
Selon qu'elle nous donne sa force ou son calme,
Inquiète les pêcheurs, amuse les enfants.
Abrite tout un monde dans ses eaux, et réclame
Pour lui moins de problème : déchets et polluants.
La vague, n'est qu'un effet de cette immensité
Qui anime nos jours, et vient bercer nos rêves.
Sans cesse renouvelée, elle meurt à nos pieds
Après un long parcourt ; ainsi sa vie s'achève.

Imprudence !

Une vipère un jour au venin malfaisant,
Sur le bord d'une route librement cheminait.
Lorsque vint à passer charreton transportant,
De multiples denrées allant vers le marché.
Rien ne pouvait alors faire croiser leurs routes,
Si ce n'est, pour sujet une bien triste fin.
Qui mêla leur parcours et cela sans nul doute,
Afin d'apprécier quel serait le destin
De l'homme, et du cheval qui tirait la voiture.
L'homme marchant à pied sur le bord du fossé,
Eut, on ne sait pourquoi une envie de nature
Qui le fit s'arrêter pour mieux se déchausser.
Sur bas-côté coulait eau si limpide et claire,
Que l'homme par plaisir y trempa ses deux pieds.
Le cheval arrêté ne sachant trop quoi faire,
Attendit que de l'homme fantaisie soit passée.
Dans l'herbe, dérangé le serpent mordit l'homme,
Avant que celui-ci ait pu se rechausser.
Le cheval consterné, d'un sabot leste en somme
Ecrasa le reptile, et l'homme fut vengé.
Quand chaussures l'un porte, et sabots l'animal,
Les deux sont protégés ; à moins que négligence
Fit de l'un d'eux victime. Bien être original
Eveille le danger ; quand sabots en dispensent.

La chèvre et le louveteau

Une chèvre broutait l'herbe tendre d'un pré,
Quand survint louveteau ayant quitté sa mère.
Nature disparate d'animaux opposés,
Fit que confrontation paraissait nécessaire.
Le jeune canidé belliqueux et austère,
S'approcha lentement de chèvre occupée ;
Qui ne fit aucun cas de l'intrus, comparé
A un très jeune chien dont la vue indiffère.
L'animal aux dents longues pensait avoir raison,
Et offrir un festin à nombreux de ses frères.
La chèvre patiemment attendait réaction
Du jeune louveteau, prétentieux et sévère.
Lassée de patienter, négligeant son repas
La femelle du bouc, cornes hautes avançant
Décidée va-t'en guerre, précipita ses pas
Pour affronter sans risque, le très jeune innocent.
Notre assaillant surpris ne comprit pas la suite ;
Issu d'un tel combat, qui dû le voir vainqueur.
Son seul recours alors, fut de prendre la fuite
Et retrouver sa mère ; honteux d'avoir eu peur.
Espèces dépourvues de droit de prédation,
La révolte parfois est un bien nécessaire.
Surtout si l'agresseur trop léger pour l'action
S'en prend à bêtes à cornes ; une bien lourde affaire.

Rêve chimérique ! ...

Une statue rêva d'être comme les hommes :
Connaitre l'existence, avoir de vie, sa part.
Bouger et se vêtir, se déplacer en somme
Comme autres créatures ; aller et se mouvoir.
Elle est depuis longtemps sur son socle ; immobile.
Où jadis l'aura mis un sculpteur ambitieux.
A voir passer ce temps qui reste indélébile,
Offrant sa nudité à ce monde curieux.
Sortie d'un bloc de marbre, par burins ciselée,
Elle naquit un jour de passion italique.
Dans un pays sur bord de méditerranée,
Parmi d'autres statues au destin identique.
Placées sur le parvis des églises, des temples,
Affrontant sans faillir les caprices des jours.
Répliques, durent alors afin qu'on les contemple,
Braver tous les orages ; plus souvent qu'à leur tour.
Sujets originaux eurent des cathédrales,
Musées et basiliques, afin de s'abriter.
Et porter au plus haut les valeurs libérales,
D'artistes du passé, maitres de leurs sujets.
Soudain notre statue aux ambitions de pierre,
Abandonna ses songes à l'état minéral.
Préférant s'éloigner d'un monde de chimères,
Fit don de sa beauté ... et rêva d'idéal !

Le bal du souvenir

A force d'écouter : le vent, la mer les vagues,
On s'évapore un peu ; on cherche des pourquoi.
Tel un oiseau qui vole cherchant on ne sait quoi,
L'esprit se fait léger, la mémoire divague.
Comme parfums subtils que nous offrent les fleurs,
Ces ondes que déploie la pierre que l'on jette
Sur une eau bien tranquille à l'orée de son cœur,
Viennent, nous rapporter les flonflons d'une fête.
Cet état virtuel autant qu'il puisse l'être,
Attise des instants ; éveille un peu en nous
Ce calme accumulé, qui nous pèse peut-être
Et nous fait regretter de n'avoir été fou.
Mettre à leur juste place les choses de la vie ;
S'aventurer parfois au-delà des limites.
S'égarer un instant lorsque l'amour invite
A s'évader un peu, quand le cœur est épris.
Cet ensemble d'images auxquelles parfois on pense,
Qui prennent avec le temps les formes du passé.
Viennent, nous apporter empreintes bien ancrées,
Faites de souvenirs ; qui autour de nous dansent.

Le matou

Ses yeux, deux louis d'or qui s'étirent et se fendent.
Le soir quand il s'en va vagabond de la nuit,
Pouvant du noisetier ressembler à ses fruits,
Quand selon son humeur leur couleur tourne et
change.
Ses pattes parfois souillées de terre du jardin,
Ne semble pas gêner son allure féline ;
Quand il rentre émergeant d'une aurore opaline,
Et s'allonge épuisé dans le petit matin.
Il parcourt les fourrés, les toits et les ruisseaux,
A l'affût constamment de quelques volatiles ;
Qu'il pourrait attraper de ses griffes habiles,
Et de ses longs trophées allonger le tableau.
Sa tête est grosse et ronde, son poil est peu soyeux.
La toilette pour lui est un travail de chatte ;
Ne s'adonnant jamais avec ses grosses pattes,
A se lustrer le poil, le soir au coin du feu.
On l'entend rarement ronronner de bien-être.
S'il parait assoupi semblant dormir un peu,
Ramassé sur lui-même s'entourant de sa queue,
Ses oreilles en éveil se dressent sur sa tête.
Ne quémandant jamais, de l'homme il se méfie.
Se tenant à l'écart les paupières mi-closes,
Assis sur son séant il peut garder la pose,
De celui qui observe, qui juge, et qui régit.
Sa fierté le distant des tâches à venir ;
Devant une portée de chatons de gouttière
Issu de ses amours, même s'il en est le père

Il se veut ignorant du rôle à tenir.
Arpentant les faîtières la nuit au clair de lune,
Il joue les Roméo perdu en mal d'amour.
Et son cri sur les toits appelant au secours,
Attire prétendants plus qu'idylles nocturnes.
Sa démarche est silence, souplesse, volupté.
De la main qui se tend n'aimant pas les caresses ;
Les seules qu'il consent quand parfois il paresse,
Sont celles du soleil, sur le mur allongé.

L'hiver !...

L'hiver se cristallise en colonnes en corolles,
Et blanchit les étangs au profond de leur cœur.
Invente des statues aux sorties des écoles,
Bonshommes tout raidis et figés de froideur.
Il endort les grands arbres et il les enrubanne
De dentelles gelées, qui pendent et pendent encore.
Habille les sapins d'impeccables soutanes,
Blanches immaculées, dans les plaines du Nord.
Il enneige les routes, il enneige les sentes,
Et fixe gouttes d'eau en perles de cristal.
Enveloppe l'oiseau perdu dans la tourmente,
Et à son cri d'effroi il met un point final.
Puis il donne le ton aux violentes bourrasques,
Puis il donne le vif à la bise qui mord.
Attaque les fontaines durcissant l'eau des vasques,
Et accroche chandelles de glace à leurs rebords.
Il fait gémir les vieux et il les emmitoufle,
Et il les empantoufle, et il les fait trembler.
Souvent il les conduit dans leur dernière course,
Vers ce lieu d'où hélas on ne revient jamais.
Il fait gémir les vieux et il les emmitoufle,
Et il les empantoufle, et il les fait trembler.
Il nous fait nous blottir dans le fond de nos couches,
Et il nous fait rêver, et il nous fait s'aimer.
L'hiver ! ...

Certitude !

Certain que le printemps effacera l'hiver,
Et que l'été viendra inonder de lumière ;
La plage où sur le sable la vague vient rêver,
Et mettre des chansons dans le creux des rochers.
Certain de voir le jour succéder à la nuit,
Et de voir le retour du soleil qui s'enfuit.
Certain qu'après la pluie le ciel mettra du bleu ;
Et la terre engourdie s'éveillant peu à peu,
Donnera à la source le pouvoir de chanter,
Et à l'oiseau blessé la force de lutter.
Certain que la rivière retrouvera son lit ;
Que l'ombre et la lumière partageront la vie.
Certain que de la flamme jaillira la chaleur,
Et certain que mon cœur, a besoin de ton cœur.

Le jardin de son cœur

Le jardin de son cœur est parsemé de roses,
Qui tour à tour éclosent aux charmes de la vie.
Le jardin de son cœur est un lieu où repose :
L'amitié, la douceur, la bonté et l'oubli.
C'est en ce doux berceau fait de feuilles d'automne,
Qu'un oiseau vient chanter des airs de son pays.
Cet oiseau c'est l'amour qui en passant dépose,
Tout au long des sentiers un voile sur l'ennui.
En ce charmant tableau où la nature est reine,
Court un petit ruisseau sur la mousse des bois.
Où parfois une fée se penchant l'âme en peine,
Recherche en ses reflets l'image de son roi.
Si par hasard un jour telle une douce brise,
En passant par ses yeux vous vouliez le bonheur,
Vous y verriez alors cette nature exquise,
Si vous veniez un jour au jardin de son cœur.

table des matières